DU

DROIT DE RETOUR LÉGAL.

DISSERTATION

POUR

LE DOCTORAT,

Présentée à la Faculté de Droit de Toulouse,

CONFORMÉMENT A L'ARTICLE 1er DE L'ARRÊTÉ DU 5 DÉCEMBRE 1850,

Par M. Eugène ROUQUET, avocat,

DE CLERMONT-L'HÉRAULT.

TOULOUSE,

IMPRIMERIE DE A. CHAUVIN ET COMPe,

RUE MIREPOIX, 3.

1852.

DU

DROIT DE RETOUR LÉGAL.

DISSERTATION

POUR

LE DOCTORAT,

Présentée à la Faculté de Droit de Toulouse,

CONFORMÉMENT A L'ARTICLE 1er DE L'ARRÊTÉ DU 5 DÉCEMBRE 1850,

Par M. Eugène **ROUQUET**, avocat,

DE CLERMONT-L'HÉRAULT.

TOULOUSE,

IMPRIMERIE DE A. CHAUVIN ET COMPe,

RUE MIREPOIX, 3.

1852.

À mon Père, à ma Mère.

A TOUS MES PARENTS.

A TOUS MES AMIS.

DROIT DE RETOUR LÉGAL.

Nous avons à considérer dans cette dissertation le droit de retour ou de reversion, tel qu'il a été établi par le Code civil dans l'art. 747, au titre des successions et dans quelques autres articles qui s'y rattachent. Afin d'examiner à fond le caractère de ce droit, il est nécessaire d'interroger les principes du droit romain et du droit coutumier sur cette matière. La connaissance de ces deux législations nous sera d'un grand secours pour porter la lumière au milieu des questions nombreuses qui se rattachent à ce point de droit si important et qui a donné lieu aux controverses multipliées des auteurs. Les difficultés auxquelles le droit de retour a donné lieu ont été, en effet, diversement jugées tant par l'ancienne jurisprudence que par la nouvelle, et quelle que soit la cause de cette diversité d'opinions, nous devons reconnaître que le laconisme du législateur en a été le point de départ; mais, en prenant la loi telle qu'elle a été édictée et en nous pénétrant bien des principes qui ont guidé le législateur, il nous sera facile, je crois, de donner une solution raisonnable et vraie aux divers points de droit que nous aurons à examiner et de trouver le fil conducteur qui doit nous guider dans ce dédale d'idées et de décisions contradictoires.

Nous avons donc, en premier lieu, à analyser les dispositions du droit romain et du droit coutumier. Nous verrons quelle est celle de ces deux législations dont le Code civil a suivi les errements. Nous examinerons ensuite quelles sont les raisons qui ont déterminé le législateur dans l'émission de la loi, et, après avoir fait ressortir le véritable caractère du droit de reversion, nous classerons les questions nombreuses que nous aurons à examiner en plusieurs catégories, que nous disposerons dans l'ordre le plus rationnel et le plus méthodique.

DU DROIT DE RETOUR LÉGAL

EN DROIT ROMAIN.

L'esprit de la législation romaine sur le droit de
retour se trouve formulé dans cette proposition : « La
puissance paternelle a été la première cause de l'éta-
blissement du droit de retour. » En d'autres termes : Le
droit de retour n'a été dans son origine qu'une suite
et un effet de la puissance paternelle. Un rapide exa
men de cette législation va nous démontrer l'exacti-
tude de cette assertion dont nous aurons à tirer les
conséquences pour apprécier le véritable caractère de
ce droit.

Et d'abord la loi IV au Code, *soluto matrimonio*,
est on ne peut plus expresse à cet égard : *Dos a patre
profecta, si in matrimonium decesserit mulier filiafamilias, ad patrem redire debet.* Il faut donc que la femme
meure *filiafamilias*, c'est-à-dire étant encore sous la
puissance paternelle pour que le retour de la dot ait
lieu au profit du père.

La loi II au Code, *de bonis quæ liberis*, parle du
retour qui se fait au profit du père de la dot qu'il a
constituée à sa fille ou de la donation à cause de mariage qu'il a faite à son fils, et elle déclare expressément que le retour s'opère par droit de puissance

paternelle : *His potestatis jure ad patrem reversis*, et, dans ce cas, le retour s'opérait, soit que la fille eût laissé des enfants, soit qu'elle n'en eût pas laissé. La raison en est que le père, en donnant la dot à sa fille *filiafamilias*, en conservait une espèce de copropriété, qui, à la mort de celle-ci, se consolidait définitivement sur sa tête seule, sans que ses enfants eussent rien à y prétendre ; c'est ce que dit la loi II, § 1, Dig. *soluto matrimonio : Quod si in potestate est patris et dos ab eo profecta sit, ipsius et filiæ dos est.* Le père ne faisait que reprendre un bien qui était censé lui avoir toujours appartenu, en vertu d'une condition résolutoire qui était toujours sous-entendue. Si, au contraire, le père n'avait pas eu sa fille sous sa puissance au moment de la donation, il aurait été obligé pour avoir droit au retour de la dot de se le réserver expressément par une stipulation formelle (*Novelle* 25 de l'empereur Léon).

Ces considérations nous permettent d'apprécier à son véritable point de vue le caractère d'énergie que la législation romaine avait imprimé au droit de retour. Il était fondé sur une stipulation tacite inhérente à la donation. Les biens donnés revenaient de plein droit au donateur : *Veluti quodam jure postliminii.* On voit donc que c'était un droit de retour proprement dit qui n'avait aucun des caractères d'un droit de succession, comme cela avait lieu en pays coutumier, ainsi que nous le verrons plus tard. L'ascendant ne succédait pas au bien donné ; il le reprenait plutôt en sa qualité de père qu'en sa qualité d'ascendant donateur ; il le

reprenait, parce que le droit de retour n'était autre
chose que la résolution et l'anéantissement de la donation. De là découlaient plusieurs conséquences importantes : le donateur reprenait les biens francs et quittes
de toutes charges, dettes et hypothèques créées par le
donataire. Il n'était pas nécessaire que ces biens se
retrouvassent en nature dans la succession du donataire. Le donateur les reprenait dans les mains où ils
se trouvaient, sans avoir égard aux aliénations qui auraient été consenties par le donataire et nonobstant les
dispositions testamentaires ou entre-vifs faites par ce
dernier. Il n'était tenu de contribuer en rien aux dettes
de la succession du donataire, à laquelle il demeurait
étranger, à moins que son degré de parenté avec le
défunt ne lui conférât en même temps la qualité d'héritier, auquel cas il était libre de renoncer à cette qualité pour s'en tenir au droit de retour seul.

Après avoir examiné le caractère du droit de
retour légal en droit romain, nous devons nous demander pour quels motifs il avait été admis dans cette
législation et dans quels cas il était accordé ou refusé.
La raison principale se trouve dans la loi VI, Dig. *de
jure dotium.* Cette loi nous dit qu'il serait à déplorer
que les ascendants donateurs eussent à souffrir de la
double perte de leurs enfants et de leurs biens.

Un autre motif, non moins important et qui se dé-
duit du premier, se trouve dans la loi II, Code *de
bonis quæ liberis. Prospiciendum enim,* dit cette loi,
*ne hac injecta formidine, parentum circa liberos munifi-
centia retardetur.*

Le droit de retour ne fut accordé originairement que pour la dot que le père avait constituée à sa fille (l. IV au Code *dos à patre*). Plus tard, les empereurs Théodose et Valentinien l'introduisirent pour les donations; mais ils le bornèrent à celles qui étaient faites par le père à son fils en le mariant (l. II au Code *de bonis quæ liberis*). Enfin, nous voyons dans la *novelle* 25 de l'empereur Léon que ce droit fut étendu à toutes les donations que le père pouvait faire à ses enfants. Le même droit, accordé aussi à l'aïeul paternel, fut refusé à la mère et aux ascendants maternels, comme aussi aux collatéraux et aux étrangers qui ne pouvaient y prétendre sans stipulation expresse : *Si filius liberis orbetur, donum quod illi à patre processerit ad donatorem oportere reverti. Quod vero aut à matre aut ab extraneo quopiam donatum filius habet non item, nisi reverti debere id donatores pacto complexi sint.* La raison de cette exclusion est qu'ils n'avaient pas le *jus potestatis* nécessaire pour l'exercice du droit de retour.

Voilà comment était constitué le droit de retour en droit romain après avoir subi les modifications opérées par les empereurs Théodose et Valentinien et par la *novelle* 25 de Léon. Cette législation fut encore modifiée en beaucoup de points dans les pays de droit écrit, bien qu'on lui eût conservé son caractère primitif. Ainsi, l'usage avait accordé le droit de retour à la mère, à l'aïeule et aux ascendants maternels. Toutefois, cette dérogation ne fut pas étendue aux collatéraux ni aux étrangers, excepté dans le parlement de Toulouse qui l'accordait aux frères et sœurs, oncles et tantes.

Les effets du droit de retour légal furent aussi modifiés, et on se départit un peu du rigorisme des lois romaines. Ainsi, on admit dans certains pays de droit écrit que le donataire pouvait, non-seulement aliéner à titre onéreux, mais encore disposer par donation entre-vifs et à cause de mort des biens qu'il possédait à charge de retour. Dans d'autres ressorts, au parlement de Provence notamment, on admit que les aliénations à titre onéreux éteignaient le droit de retour, tandis que les aliénations à titre gratuit le laissaient subsister ; mais généralement on s'en tenait au droit romain, et les parlements de Toulouse, Grenoble, Bordeaux, jugeaient que le retour était accordé au donateur, nonobstant toutes dispositions testamentaires ou entre-vifs faites par le donataire, et que toutes les aliénations faites par celui-ci devaient être résolues. Quant à la question de savoir si les dettes et hypothèques contractées par le donataire pendant qu'il était en possession du bien donné liaient le donateur, elle était aussi diversement résolue, quoique l'on reconnût assez généralement que ces hypothèques ne grevaient pas les biens donnés et que le donateur n'était pas tenu des dettes de la succession du donataire.

DU DROIT DE RETOUR LÉGAL

EN PAYS COUTUMIER.

Les auteurs n'étaient pas d'accord, sous l'empire des coutumes, sur le point de savoir si on devait admettre le droit de retour légal. Voici ce que dit Lebrun, dans son *Traité des Successions,* page 67 : *Quelques-uns ont douté que le droit de reversion eût lieu dans la coutume de Paris, parce que l'article 303 ne dit pas que, quand le fils donataire meurt sans enfant, les choses données retournent au père qui a fait la donation.* — Nous n'avons pas besoin de remonter au règne de saint Louis, comme le fait Merlin en citant un arrêt de 1268, par lequel il a été jugé que, quand les enfants décèdent sans hoirs procréés de mariage, le don retourne aux donneurs et non aux prochains héritiers des donataires; nous nous rapporterons seulement aux articles 311, 312 et 313 de la coutume de Paris. Ces articles sont conçus en ces termes : *Père et mère succèdent à leurs enfants nés en loyal mariage, s'ils vont de vie à trépas sans hoirs de leur corps aux meubles et conquêts immeubles, et en défaut d'eux, l'aïeul ou l'aïeule et autres ascendants.* — *En succession en ligne directe, propre héritage ne remonte, et n'y succèdent père et mère, aïeul ou aïeule.* — *Toutefois succèdent ès-choses par eux données à leurs* enfants décédant sans enfants et descendants d'eux. — Voilà bien le retour légal établi par ce dernier article dans la coutume de Paris. Il l'est également dans les coutumes d'Orléans, Châlons, Auxerre, Melun, Poitou, Tourraine, etc.; il y a même des coutumes où il est plus étendu qu'à Paris. Ainsi, d'après l'art. 242 de la coutume d'Auxerre, il est étendu aux parents collatéraux qui ont donné. En présence du concours d'un aussi grand nombre de coutumes, on peut donc tenir pour certain que le retour légal avait lieu en pays coutumier. Aussi avait-on décidé qu'il pouvait être exercé même dans les coutumes qui n'en parlent point.

Mais ici les principes différaient essentiellement de ceux du droit romain. Ce n'est plus par voie de retour proprement dit, et comme conséquence de la condition résolutoire sous-entendue dans la donation que les ascendants reprennent les biens donnés. Le droit de retour est converti en un véritable droit de succession. *Les ascendants succèdent ès-choses par eux données*, dit l'art. 313. C'était une espèce de succession, dite anomale, qui n'avait lieu que dans un cas particulier, et n'avait pour objet qu'une chose déterminée, *in re singulari.* Les auteurs sont tous d'accord sur ce caractère attribué par les coutumes au droit de retour. *C'est mon avis*, dit Ferrière, sur l'art. 313, §3, n°3, *que le droit de retour participe de la succession et qu'on n'en peut jouir que* titulo successionis. — Lebrun, loc. cit., disait aussi : *Il y a un point fixe dans notre usage; c'est que quand l'aïeul a donné et que le petit-fils meurt sans enfants, ce n'est point le père, mais l'aïeul donateur qui* succède aux choses données. Aussi l'on ne peut pas s'empêcher de résoudre que ce droit est mixte parmi nous et qu'il participe du droit de reversion et du droit de succession.

Enfin, Duplessis, *Traité des Successions*, liv. 3, ch. II, dit expressément, qu'un ascendant peut être héritier du retour de la chose donnée, quoiqu'il ne soit point héritier mobilier, y ayant un plus proche ascendant qui l'est.

Les conséquences qui dérivaient de ce caractère successif étaient nombreuses et importantes. Ainsi, 1° le bien donné devait retourner aux ascendants donateurs en la même qualité qu'il était possédé avant la donation, acquêt s'il était acquêt, propre s'il était propre (1); 2° quand les biens donnés ne se retrouvaient pas en nature ou en représentation, l'ascendant perdait ses droits; 3° ainsi non-seulement l'aliénation à titre onéreux faisait obstacle à la reversion, mais encore l'aliénation à titre gratuit, c'est-à-dire les donations entre-vifs et testamentaires. De même si les biens donnés étaient grevés d'hypothèques, ces hypothèques étaient respectées, comme aussi les autres charges réelles qui avaient été imposées sur l'héritage par le donataire; 4° enfin, le donateur, en exerçant le droit de retour, devait supporter une part des dettes de la succession, proportionnelle à ces biens. Lebrun ajou-

(1) Toutefois, cette conséquence n'était pas universellement admise. Elle est rejetée par un arrêt du parlement de Paris, du 1er septembre 1762.

lait même, tout en disant que cette opinion était sujette au doute, que l'ascendant était tenu même *ultra vires* et au-delà de l'émolument, parce que la reversion est succession. La coutume de Berry faisait seule exception à cette règle. Elle disposait que les charges et hypothèques dont le donateur qui a la reversion est tenu subsidiairement, ne pouvaient pas aller au-delà des choses sujettes à la reversion. Pour les autres coutumes, la question était controversée. Ferrière n'était pas de l'avis de Lebrun. *Celui qui exerce le retour n'est pas proprement héritier , ou du moins, il ne l'est pas à titre universel. Il n'est que successeur* in re singulari, *de même que le fisc et les seigneurs hauts-justiciers, lesquels ne sont tenus que jusqu'à concurrence de ce dont ils amendent les biens, pourvu qu'ils aient fait faire inventaire.* Cette question se représentera plus tard, et nous la verrons aussi controversée sous le Code civil que sous les coutumes.

Une autre question des plus controversées était celle de savoir si la reversion avait lieu pour les meubles comme pour les immeubles. Pour l'affirmative, on disait que l'art. 313 ne distingue pas. Il dit en effet : *Succèdent ès-choses par eux données* ; ce qui comprend les meubles comme les immeubles. On se fondait aussi sur les dispositions précises du droit romain, et sur l'équité qui semble demander la reversion dans l'un et l'autre cas. Enfin , une dernière raison était qu'on devait prendre en considération la volonté présumée de l'ascendant donateur, et l'intérêt public qui demande qu'on ne détourne pas les pères de marier leurs enfants.

Ceux qui soutenaient l'opinion contraire, disaient que les meubles se confondent aisément et ne conservent aucun caractère de leur origine; que, dans les mains du donataire, on ne distingue pas les meubles qu'il a acquis de ceux qui lui viennent de son père ou de son aïeul; que d'ailleurs le retour légal devait être limité autant que possible, puisqu'il n'était qu'une exception à la règle générale : *Propre héritage ne remonte point*, le mot *chose* de l'art. 313 se rapportant ainsi au mot *héritage* qui ne s'entend que des immeubles.

Le droit de retour n'était accordé qu'aux ascendants par la plupart des coutumes. Toutefois, on n'était pas d'accord sur le point de savoir si c'était l'ascendant habile à succéder qui devait l'emporter sur l'ascendant donateur qui n'était pas héritier. Mais la plupart des auteurs (Duplessis, Lebrun, Ferrière) admettaient que la reversion appartenait à l'aïeul donateur, à l'exclusion du père.

Contrairement aux dispositions du droit romain, la reversion était accordée aux ascendants maternels. Quant aux collatéraux, elle leur était refusée par la plupart des coutumes; seulement, la coutume d'Auxerre avait fait exception à la règle générale dans son art. 242. La coutume de Valenciennes (art. 108) accordait le retour même au donateur étranger et à ses héritiers, soit directs, soit collatéraux. Enfin, il faut observer que ce droit fut établi indistinctement pour toutes les donations faites aux enfants, soit en forme de constitution dotale, soit hors contrat de mariage.

DU DROIT DE RETOUR LÉGAL

SOUS LE CODE CIVIL.

CHAPITRE PREMIER.

De la nature et du caractère du droit de retour légal.

Aujourd'hui comme sous l'empire des coutumes, le droit de retour est un droit en vertu duquel un donateur recouvre, par le décès du donataire, les choses qu'il lui avait données.

Les motifs qui ont amené le législateur du Code civil à introduire dans notre droit le retour légal sont les mêmes que ceux qui avaient guidé le législateur romain. On a voulu favoriser les dons que les ascendants voudraient faire à leurs enfants, et les consoler de la perte qu'ils pourraient faire de leur progéniture. On peut dire en outre que la raison la plus importante de l'art. 747 que nous allons expliquer, est que, lorsqu'un ascendant se dépouille, le sentiment qui le guide est exclusif pour celui qui en est l'objet. Il n'entend pas se dépouiller pour d'autres que le donataire et ses enfants. Là se borne le motif de sa libéralité, et s'il avait prévu le prédécès du donataire, il aurait stipulé en sa faveur le droit de retour permis par l'art. 951. Aussi la loi veut-elle que cette portion de patrimoine rentre dans la substance dont elle avait été détachée.

Voici cet article 747 :

« Les ascendants succèdent, à l'exclusion de tous autres, aux choses par eux données à leurs enfants ou descendants décédés sans postérité, lorsque les objets donnés se retrouvent en nature dans la succession.

» Si les objets ont été aliénés, les ascendants recueillent le prix qui peut en être dû. Ils succèdent aussi à l'action en reprise que pouvait avoir le donataire. »

Le Code civil a suivi les principes du droit coutumier. Il a fait du droit de retour un droit de succession. *Les ascendants succèdent*, dit l'art. 747. C'est une succession anomale, comme disaient les anciens commentateurs, en faveur des ascendants donateurs; un mode spécial de succéder, et qui, pour le cas particulier, déroge à l'ordre légal ordinaire des successions. C'est donc à titre d'héritier et non par voie de retour proprement dit, ni par caducité ou révocation de la donation que l'ascendant est admis à exercer son droit. Il ne pourra donc reprendre les biens donnés que dans l'état où ils se trouveront lors de l'ouverture de la succession, sans pouvoir les revendiquer contre les tiers, ni les soustraire aux charges dont le donataire les aura grevés. S'ils ne se retrouvent pas en nature ou en représentation, le donateur perdra ses droits; s'ils sont grevés d'hypothèques, ces hypothèques seront respectées. Bien plus, en les reprenant en nature, l'ascendant devra supporter une part proportionnelle des dettes de la succession.

Telles sont les conséquences les plus importantes du caractère successif attribué au droit de retour. Nous aurons occasion d'y revenir et d'examiner en détail les questions qu'elles soulèvent.

Et d'abord de cette qualité d'héritier attribuée à l'ascendant donateur, il résulte :

1º Que le retour légal ne peut être exercé que par l'ascendant réunissant les qualités requises par la loi pour être héritier. Ainsi les causes d'incapacité ou d'indignité énumérées dans les art. 725 et 727 C. civ. sont applicables à l'ascendant ;

2º Que l'ascendant ne pourrait pas valablement renoncer à son droit pendant la vie du donataire ; c'est une conséquence du principe qu'on ne peut renoncer à une succession non encore ouverte (voy. art. 791 et 1130 C. civ.) ;

3º Qu'il a la saisine légale des choses par lui données, et qu'il n'est pas tenu d'en demander la délivrance (724 C. civ.) ;

4º Qu'il peut accepter la succession dont il s'agit purement et simplement, ou bien n'accepter que sous bénéfice d'inventaire, ou même y renoncer. Dans ces divers cas, quelle que soit sa détermination, sa position est la même que celle d'un héritier ordinaire, c'est-à-dire qu'en cas d'acceptation pure et simple, il est tenu de contribuer, *pro modo emolumenti*, à toutes les dettes et charges de la succession du donataire. On établira dans ce cas une proportion entre les biens

donnés et les biens laissés, et l'ascendant supportera
une part de charges proportionnelle à la part de biens
qu'il reçoit. Ainsi le donataire a laissé cent mille francs,
sur lesquels vingt-cinq mille reviennent à l'ascendant;
celui-ci devra supporter le quart des charges. — Mais
sera-t-il tenu *ultra vires hæreditatis?* Nous pensons que
non; car on ne peut pas l'identifier, sous ce rapport,
avec l'héritier ordinaire, qui succède à l'universalité
des biens du défunt, masse indéterminée, tandis que
l'ascendant ne succède que pour une chose déterminée
et certaine, *in re singulari.* Plusieurs auteurs sont
cependant d'un avis contraire. Ils se fondent sur ce
que les biens soumis au droit de retour ne sont pas
dévolus à l'ascendant donateur comme objets particu-
liers, mais comme universalité juridique, distincte de
l'hérédité. — Mais nous avons vu précédemment que
dans le droit coutumier, le droit de retour était considéré comme une succession *in re singulari*, à titre
particulier; et de l'aveu même de ces auteurs, c'est au
droit coutumier, dont le Code a suivi les principes,
qu'il faut recourir pour résoudre les difficultés que
présente cette matière. Mais en admettant que la succession aux biens donnés constitue une universalité
juridique, cette universalité reste séparée de l'hérédité
ordinaire. L'ascendant est héritier universel, soit; mais
il ne l'est que par rapport aux biens soumis au droit
de retour. Il n'a aucun droit aux autres biens de la
succession. Pourquoi donc lui faire supporter des obligations qui ne sont nullement corrélatives aux droits
qu'il exerce ?

Si l'ascendant n'accepte que sous bénéfice d'inventaire, il ne sera tenu des dettes que jusqu'à concurrence de l'émolument qu'il retire de la succession. S'il renonce, il demeure tout-à-fait étranger à la succession.

L'ascendant donateur est à la fois héritier ordinaire et privilégié. Cela résulte du texte même de l'art. 747. Il succède à *l'exclusion de tous autres*. Il n'est donc pas nécessaire que l'ascendant soit héritier du donataire, suivant les règles ordinaires du Code, pour être admis à reprendre les biens donnés; il a dans son titre de donateur un droit particulier pour succéder à ces objets, de préférence à l'héritier ordinaire. A la vérité, il peut arriver qu'il soit à la fois héritier ordinaire et ascendant donateur, par exemple, dans le cas de l'art. 748, lorsque le père et la mère succèdent conjointement avec les frères et sœurs du défunt, et dans le cas de l'art. 746, lorsque le défunt n'ayant laissé ni frère, ni sœur, ni descendants d'eux, l'ascendant se trouve seul dans sa ligne, comme plus proche en degré; mais, en dehors de ces deux cas, et lorsque les conditions prescrites par l'art. 747 se trouvent remplies, il exclut les ascendants plus proches que lui et les collatéraux. C'est un véritable privilége qui lui est conféré par la loi; et ce privilége résulte pour lui de la distinction importante qu'elle fait entre la succession ordinaire et la succession privilégiée : ces deux successions sont séparées l'une de l'autre, et régies par des règles différentes. Elles ne comprennent pas les mêmes biens et ne sont pas déférées aux mêmes héritiers. Ces différences existaient sous l'empire des coutumes. Voici ce que disait Ferrière sur l'art. 313 de la coutume de Paris. Après avoir énoncé le principe que le droit de retour était un droit de succession, il ajoutait : *Quand le père est donateur, il est héritier des meubles et acquêts, et des choses par lui données à l'enfant donataire. Ce sont* DEUX SUCCESSIONS *qui concourent en une même personne......, il est héritier* IN RE SINGULARI.

De cette distinction entre la succession ordinaire et la succession privilégiée, nous déduirons cette conséquence naturelle que l'ascendant succèdera aux choses données, bien qu'il ne soit pas au degré successible suivant l'ordre des successions, et que, d'un autre côté, encore qu'il arrive à la succession ordinaire en concurrence avec d'autres cohéritiers, il les exclut et succède seul en vertu de son titre d'ascendant donateur. — De cette distinction fondamentale, il résulte encore que l'ascendant donateur peut, lorsqu'il se trouve héritier ordinaire, réclamer par privilége les biens donnés et prendre, en outre, sa portion héréditaire sur les biens de la succession. — On doit encore décider, d'après le même principe, que l'ascendant donateur peut renoncer à la succession ordinaire et n'accepter que la succession particulière des choses par lui données. On invoquerait en vain contre cette solution le principe de l'indivisibilité de la qualité d'héritier ; car, en renonçant à la succession ordinaire, l'ascendant ne scinde pas son titre, puisqu'il en a deux. D'ailleurs, cette indivisibilité est méconnue par la loi elle-même, puisque nous venons de voir qu'il est héritier quant à la chose donnée et qu'il ne l'est pas quant aux autres biens toutes les fois qu'il est exclu par un parent plus proche. — Ainsi, l'ascendant aura le choix, ou de prendre les biens par lui donnés et de renoncer à la succession ordinaire, ou d'accepter celle-ci et de répudier l'autre. Il peut se présenter plusieurs circonstances dans lesquelles cette option lui sera avantageuse. Chabot (page 436), après avoir observé qu'il ne voit pas comment l'ascendant peut avoir intérêt à répudier l'une des successions pour accepter l'autre, attendu que si la succession ordinaire est mauvaise, la succession privilégiée le sera aussi, cite le cas où l'ascendant, après avoir demandé la reversion, reconnaîtrait que la succession est plus qu'absorbée par les dettes et charges, et voudrait répudier la qualité d'héritier ordinaire pour s'en tenir à la succession privilégiée et ne contribuer aux dettes que dans la proportion de ce qu'il aurait pris dans celle-ci. — On peut encore supposer que l'ascendant, se trouvant tenu de dons et legs plus considérables que sa part héréditaire, aurait intérêt à s'en tenir aux biens donnés, afin de n'être pas soumis au rapport qu'un héritier ordinaire doit à ses cohéritiers. — Des raisons d'affection peuvent aussi avoir une influence sur la détermination de l'ascendant et l'engager à renoncer ou à accepter l'une ou l'autre des deux successions.

Enfin, du principe que le droit de retour est un droit de succession privilégiée, il résulte que, lorsque l'ascendant donateur est en même temps réservataire,

il n'est pas obligé d'imputer sur cette réserve ce qu'il
prend dans la succession en vertu de l'art. 747. Il est
vrai que l'héritier est, en règle générale, forcé d'imputer sur sa réserve tout ce qu'il prend à titre héréditaire; mais cette règle reçoit exception dans le cas
où l'héritier a reçu le don par préciput ou avec dis-
pense de rapport. — Mais n'est-il pas vrai de dire que
le droit de l'ascendant constitue pour lui une espèce de
préciput légal? ne faut-il pas distinguer ensuite l'héritier ordinaire de l'héritier privilégié? Enfin, il faut
observer que, si les biens donnés étaient imputés sur
la réserve, l'ascendant aurait d'autant moins dans le
surplus de l'hérédité, et les autres héritiers se trou-
veraient succéder indirectement à la chose donnée. En
vain objecterait-on que les biens donnés formant,
avec les autres biens, une seule et même masse,
dont le donataire avait la pleine et entière disposition, pourvu qu'il laissât intacte la part formant la
réserve de l'ascendant donateur, peu importe qu'il
ait disposé de tel bien plutôt que de tel autre, puisqu'il pouvait anéantir d'un seul coup le droit de l'ascendant donateur par une simple aliénation. En vain
dirait-on que le donataire, en ne disposant pas des
biens donnés par l'ascendant, a bien voulu montrer
son intention qu'ils fussent comptés pour la réserve
due à celui-ci. — La loi ne considère pas la volonté de
l'homme pour régler les conditions sous lesquelles les
héritiers doivent être appelés, et une intention exprimée plus ou moins clairement ne suffit pas pour
changer ses dispositions. Ici, l'ascendant est appelé à

la fois à succéder aux biens donnés qui se trouvent
n'avoir pas été aliénés, en sa qualité d'ascendant donateur, et à exercer en même temps son droit de réserve, en sa qualité d'héritier ordinaire y ayant droit.
Il y a ici deux successions qui doivent avoir leurs
règles à part, et on ne peut pas faire payer à une
succession la dette de l'autre. L'ascendant reprendra
d'abord les biens donnés et exercera ensuite son droit
de réserve sur le surplus des biens de la succession,
et si ces biens sont insuffisants par suite des donations
faites par le défunt, il aura l'action en réduction contre les donataires ou légataires.

Mais la question, déjà délicate, se complique si nous
supposons qu'il est dû une réserve à un autre ascendant en même temps qu'à l'ascendant donateur. Dans
ce cas, comment régler les droits des deux réserva-
taires ou des autres? car on peut en supposer plusieurs. L'ascendant sera-t-il obligé de la fournir sur
les biens qu'il a donnés, lorsque les autres biens de
la succession seront insuffisants? En d'autres termes,
les biens donnés sont-ils soumis à la réserve légale
qu'un ascendant plus proche a le droit de réclamer
dans la succession du donataire, et cette réserve doit-
elle être fixée d'après la masse générale des biens de la
succession en y comprenant les biens donnés par l'ascendant?— Cette question difficile et compliquée, qu'on
ne peut résoudre sans blesser les droits de quelqu'une
des parties intéressées, a divisé les auteurs. Chacune
de ces parties peut, en effet, se fonder sur des arguments puisés dans les principes mêmes de la loi et qui

devraient faire pencher la balance en sa faveur, de sorte, qu'en définitive, il faut s'attacher à la solution qui blessera les droits les moins favorables. Voici dans quelle espèce la question peut être proposée : Le petit-fils donataire, que nous supposons décédé sans postérité, afin de rentrer dans les conditions qu'exige l'art. 747, laisse un aïeul donateur et ses père et mère. Son patrimoine se compose des biens qu'il avait reçus de son aïeul et d'autres biens acquis dont il a disposé entre-vifs pour la totalité. Dans ce cas, l'aïeul pourra-t-il prétendre à la reprise des biens donnés qui se retrouvent en nature dans la succession? le père ne pourra-t-il pas (et la mère se trouve dans le même cas) soutenir que sa réserve, qui est du quart (915), doit être du quart de tout le patrimoine et non pas seulement du quart des biens dont le défunt a disposé? De plus, ne pourra-t-il pas soutenir qu'il peut exercer cette réserve sur les biens donnés par l'aïeul à son petit-fils et qui se retrouvent en nature, au lieu de s'aventurer dans une action en réduction contre les légataires?

On voit clairement qu'il y a ici trois intérêts en présence. D'un côté, l'ascendant donateur qui veut exercer la reversion et qui ne le pourrait pas, si la réserve du père doit s'exercer sur les biens qu'il veut reprendre; de l'autre, l'ascendant réservataire (père et mère) qui prétend à une réserve prise sur la totalité des biens, et enfin les légataires qui veulent éviter toute action en réduction de la part de l'héritier à réserve. Or, nous allons voir que chacun d'eux peut s'appuyer sur des motifs sérieux, puisés dans les principes mêmes de la loi des successions.

Et d'abord que dira l'ascendant donateur? — Je me fonde sur le texte même de l'art. 747. Ce texte est précis : l'ascendant succède à *l'exclusion de tous autres*. Comment donc pourrait-on prétendre que la réserve du père peut être prise sur les biens donnés par moi? Mais si cette réserve comprenait la totalité des biens donnés, mon droit serait donc anéanti! Et alors à quoi bon l'art. 747? Il faut reconnaître que cet article fait exception à l'art. 922. Il est bien vrai de dire que la réserve est une charge légale établie en faveur de l'ascendant le plus proche sur les biens de son descendant; mais, dans l'espèce, cette charge ne doit frapper les biens qu'en second ordre, et cela par une raison bien simple, c'est que dès l'instant où les biens ont été donnés, ils ont été soumis par la loi elle-même au droit de retour. — De plus, il ne faut pas oublier qu'il s'agit ici de deux successions distinctes, dont l'une doit une réserve et l'autre n'en doit pas, et vous ne pouvez pas calculer votre quart sur les deux successions réunies. D'ailleurs, en quelle qualité venez-vous? Vous ne venez pas dans l'ordre légal, puisque je suis appelé le premier par l'art. 747, et d'après l'art. 915, les ascendants n'ont droit à une réserve que dans l'ordre où la loi les appelle à succéder. Enfin, il est une dernière considération que je puise dans l'intention du législateur : il a voulu encourager les libéralités, et ce serait méconnaître cette intention que de vous attribuer ces biens pour m'en dépouiller.

L'équité veut que l'on ait moins d'égard pour votre pré-
tention toute lucrative que pour la mienne, qui n'a
pour objet qu'une restitution pure et simple de ma
propriété, afin que cette portion de mon patrimoine
rentre dans la substance dont elle avait été détachée.
Direz-vous que mon droit de retour s'exerce par voie
de succession et que votre réserve en est une charge
essentielle? Cela est vrai; mais on ne peut pas en
conclure qu'il ne soit qu'un simple droit de succession, c'est aussi un droit de reversion, puisque j'exclus
les autres héritiers et que seul j'y suis spécialement
appelé par une exception formelle à la loi des
successions; et, en définitive, vous ne pouvez pas,
à l'aide de raisonnements plus ou moins subtils, échapper au texte clair et précis de l'art. 747.

Le père héritier à réserve prétendra de son côté
qu'il serait injuste qu'il fût privé de sa réserve par la
circonstance que son fils a reçu une libéralité de son
aïeul; que cette circonstance ne peut porter atteinte
en aucune manière à un droit établi par la loi en sa
faveur, droit que l'ascendant donateur pourrait ainsi
anéantir à son gré; que d'un autre côté, d'après
l'art. 922, la réserve doit se calculer sur la masse des
biens appartenant au défunt lors de son décès, ce qui,
dans l'espèce, comprend les biens donnés au défunt
aussi bien que ceux dont il a disposé; que pour ce
calcul, il n'y a pas à distinguer les deux successions
anomale et régulière qui ne forment qu'une seule et
même hérédité, sur laquelle la réserve doit être calculée comme charge essentielle et privilégiée; que

l'ascendant donateur, qui n'a pas le droit de réclamer
les biens dont le donataire a disposé en faveur des
tiers, ne le peut pas à plus forte raison lorsque la loi
les a attribués à l'héritier réservataire; qu'enfin il n'y
a de succession pour les héritiers ordinaires qu'après
que ceux qui ont une réserve spéciale sur cette succession ont pris la portion des biens que la loi leur
défère; et lorsque le législateur a dit que l'ascendant
succèderait à l'exclusion de tous autres, il n'a entendu
parler que des héritiers ordinaires, tels que les frères
et sœurs ou descendants d'eux qui, d'après l'ordre
général des successions, sont appelés avant l'ascendant
donateur, et non pas des père et mère qui sont héritiers privilégiés sur les biens dont le défunt a disposé
et sur les biens que cet ascendant veut s'attribuer.

Si ce raisonnement paraît fondé en droit, celui des
légataires ne le paraît pas moins, et on ne saurait
disconvenir qu'il n'ait quelque apparence de vérité.
Leur intérêt est de ne pas être actionnés par le père
héritier à réserve et de lui faire attribuer, pour le
remplir de ses droits, les biens dont le défunt n'a pas
disposé. Ils peuvent prétendre que la réserve et la quo-
tité disponible étant corrélatives, le défunt a pu valablement disposer de la moitié de son patrimoine existant au moment de son décès; que dans cette réserve
de moitié se trouvent compris les biens que l'ascendant
avait donnés, si bien que ce n'est que parce qu'ils
sont encore en nature dans la succession que l'ascendant donateur a le droit de les reprendre; que dès-
lors peu leur importe la contestation entre le père;

héritier à réserve, et l'ascendant. Ils n'ont, eux, qu'une question à débattre. Le défunt a-t-il eu le droit de disposer de la moitié qu'il leur a léguée? Cette question résolue affirmativement, ils doivent rester étrangers au débat et ne pas être inquiétés par l'action en réduction. C'est en quelque sorte une fin de non-recevoir qu'ils opposent aux prétentions respectives de l'ascendant donateur et du père réservataire.

Pour nous, il ne nous paraît pas douteux que l'ascendant donateur ne doive être admis à exercer son droit de retour sur tous les biens donnés qui se retrouvent en nature dans la succession. Il nous paraît impossible d'échapper au texte précis de l'art. 747, et le raisonnement de l'ascendant donateur nous paraît concluant. — D'un autre côté, il ne serait pas moins contraire au texte de la loi et à l'équité de priver le père de la réserve à laquelle il a droit; mais, comme nous venons d'accorder à l'aïeul la reprise des biens donnés, il devient évident que cette réserve ne devra se calculer que sur les biens donnés aux légataires. Ainsi, en supposant que l'hérédité se compose de 100,000 francs de biens soumis au retour et de 100,000 francs de biens légués, l'ascendant reprendra ses 100,000 francs et le père aura l'action en réduction contre les légataires, à concurrence du quart des biens qui leur ont été légués, c'est-à-dire à concurrence de 25,000 francs. De la sorte, le droit de l'ascendant est respecté; le père obtient sa réserve, et comme cette réserve n'est que du quart des biens légués, les légataires ne subiront l'action en réduction que pour ce quart, contrairement aux prétentions du père qui la demandait du quart de la masse totale des biens.

Cette solution concilie tous les intérêts autant que faire se peut dans une question qui aurait dû être décidée par un texte de loi et qui a été diversement résolue par les interprètes. Toullier, qui confond les deux successions en une seule, sur laquelle il calcule la réserve, donne par cela même une solution contraire; mais son opinion a été combattue par plusieurs jurisconsultes très-recommandables; et avant lui, Chabot, dans son commentaire sur les successions, avait résolu la question en faveur de l'ascendant donateur.

Nous avons vu précédemment que l'ascendant a la faculté de renoncer à la succession privilégiée, introduite en sa faveur par l'art. 747, pour s'en tenir à la succession ordinaire. Dans ce cas, la réserve à laquelle il aurait droit devrait se calculer sur la masse totale des biens. Il pourrait arriver, en effet, que les biens donnés ayant été légués pour la presque totalité, de même que tous les autres biens du patrimoine, le père qui se trouve héritier à réserve et qui accepte les deux successions ne pourrait pas exercer cette réserve sur les biens par lui donnés et aliénés par le donataire, mais seulement sur les autres biens de la succession; tandis que s'il invoque seulement sa qualité de père, laissant de côté celle d'ascendant donateur, il pourra prétendre à une réserve beaucoup plus forte, puisqu'elle se calculera d'après la somme totale des biens par lui donnés à son fils réunie à celle des biens dont ce dernier a lui-même disposé.

Si le père acceptait à la fois les deux successions, il serait soumis aux obligations résultant de cette double acceptation; il serait donc tenu, non pas seulement *pro modo emolumenti*, mais *pro parte hœreditaria* (770, 1220), et alors il pourrait arriver que les dettes et charges dont il serait tenu absorbassent la valeur des biens qu'il aurait recueillis s'il n'avait pas pris la précaution de n'accepter que sous bénéfice d'inventaire.

CHAPITRE II.

Des personnes qui peuvent exercer le droit de retour légal.

Le droit de retour légal est accordé à tous les ascendants donateurs, à quelque degré qu'ils se trouvent; la loi ne distingue pas. Il n'est accordé ni aux autres parents ni aux étrangers. — Il est personnel à l'ascendant. L'art. 747 exige qu'il survive au donataire. — Les héritiers de l'ascendant ne peuvent donc pas exercer le retour en son lieu et place, lorsqu'il est mort avant le donataire et que celui-ci vient à décéder. Il n'y a pas de transmission possible; car on ne saurait transmettre que ce que l'on possède, et dans ce cas le droit de retour n'a jamais appartenu à l'ascendant prédécédé. Mais lorsque l'ascendant donateur a survécu au donataire, ses héritiers, ses légataires, ses créanciers, peuvent exercer le droit de retour, parce que ce droit fait partie de la succession qui vient d'être ouverte, et ses représentants peuvent l'exercer.

Si le droit de retour est personnel à l'ascendant donateur, et si nous supposons que l'aïeul ait donné, il est évident que la reversion ne peut pas, après la mort de l'aïeul, décédé avant son petit-fils, avoir lieu au profit du père. Cette question était très-controversée dans l'ancienne jurisprudence. En pays de droit écrit, on décidait que la reversion appartenait au père. On se fondait sur la loi *dotem quam dedit, ff. de collat. bonorum*, qui allait jusqu'à accorder la reversion au père de la petite-fille dotée par l'aïeul, quoique déshéritée par celui-ci. Mais en pays coutumier, on n'allait pas si loin. Lebrun nous apprend que, dans l'espèce, le père, fils de l'aïeul donateur, ne peut pas avoir la chose à titre de reversion, mais comme le plus proche parent du côté et ligne qui a donné. Aujourd'hui, la question n'en est pas une. Elle est formellement décidée par l'art. 747. Pour pouvoir exercer le droit de retour, il faut être ascendant donateur, et le père n'est pas dans ce cas. Ce n'est pas lui qui a donné. — Demanderait-il la reversion en qualité d'héritier de l'aïeul? Mais il ne trouvera pas dans cette succession de droit acquis à l'aïeul, puisque celui-ci n'a pas survécu à son petit-fils.

Le retour légal n'a lieu qu'entre personnes qui ont des rapports de parenté ou de successibilité. Ainsi, l'art. 747 n'est pas applicable à l'aïeul d'un enfant naturel. Cet enfant reste étranger à l'aïeul, qui ne peut jamais lui succéder (765, 766 C. civ.), et par conséquent exercer le droit de retour sur les biens qu'il lui aurait donnés.

Au contraire, le père de l'enfant naturel étant habile à lui succéder, on doit reconnaître qu'il pourrait exercer le retour. Cette question n'était pas si simple sous l'empire des coutumes. Elle était diversement résolue. Les raisons sur lesquelles on se fondait pour refuser la reversion au père naturel n'existent plus aujourd'hui. On disait que l'ancien droit ne reconnaissait pas les bâtards, dont les successions étaient dévolues au fisc. Il n'en est plus ainsi aujourd'hui. Le Code civil leur donne une position dans la société, puisqu'il leur attribue des droits sur la succession de leur père et mère, et réciproquement. — On disait ensuite que la reversion étant fondée sur l'obligation de doter, le père naturel, qui n'y était pas obligé à l'égard de ses enfants, n'avait pas de motif pour demander ce qu'il n'avait pas été obligé de donner. Cette raison n'a plus de portée, aujourd'hui que l'obligation de doter n'est plus reconnue ni pour le père naturel ni pour le père légitime. — La controverse ne doit donc plus exister aujourd'hui que la loi a attribué au père naturel des droits successifs dans l'hérédité de son fils naturel reconnu. Il y a entre eux un rapport de parenté légale qui suffit pour qu'on puisse le ranger dans la catégorie des ascendants dont parle l'art. 747. — Bien plus, l'art. 766 autorise les enfants légitimes du donateur à exercer le retour légal sur les biens donnés à leur frère naturel, en cas de prédécès du père. A *fortiori*, le père lui-même peut-il exercer le même droit, s'il

survit à son enfant naturel décédé sans postérité.
Enfin, les raisons sur lesquelles est fondé le droit de
retour militent aussi en faveur de cette solution ; car,
si nous écartons le père, que deviendront les biens ?
Ils passeront en des mains étrangères et sortiront
peut-être de la famille, ce qui est tout-à-fait contraire
aux intentions du législateur.

Nous avons à examiner maintenant si l'adoptant
jouit, comme l'ascendant légitime, du droit de retour
légal. — L'adoptant doit être assimilé en tous points
à l'ascendant légitime. Les art. 351 et 352 C. civ.
sont assez explicites sur ce point.

Art. 351. « Si l'adopté meurt sans descendants légitimes, les choses données par l'adoptant ou recueillies
dans sa succession, et qui existeront en nature lors
du décès de l'adopté, retourneront à l'adoptant ou à
ses descendants, à la charge de contribuer aux dettes,
et sans préjudice des droits des tiers. Le surplus des
biens de l'adopté appartiendra à ses propres parents ;
et ceux-ci excluront toujours, pour les objets spécifiés
au présent article, tous héritiers de l'adoptant autres
que ses descendants. »

Art. 352. « Si du vivant de l'adoptant et après le
décès de l'adopté, les enfants ou descendants laissés
par celui-ci mouraient eux-mêmes sans postérité,
l'adoptant succédera aux choses par lui données comme
il est dit en l'art. précédent ; mais ce droit sera inhé-
rent à la personne de l'adoptant et non transmissible
à ses héritiers, même en ligne descendante. »

D'après la lecture de ces articles, on voit que l'adoptant est admis à exercer le droit de retour dans la succession de l'adopté; mais il faut que l'adopté ne laisse pas de descendants légitimes, et que les biens existent encore en nature dans la succession.

Nous comprenons dans les descendants légitimes de l'adopté, faisant obstacle à la reversion, l'enfant adoptif de l'adopté. L'expression *descendants légitimes*, dont se sert l'art. 351, s'applique aux uns et aux autres.

Non-seulement l'adoptant jouit du droit de retour légal sur les biens par lui donnés entre-vifs (1) à l'adopté; mais encore ses descendants légitimes peuvent exercer le même droit, et ce droit, ils le tiennent directement de la loi elle-même; ils ne le puisent pas dans la succession de l'adoptant. L'article 351 dit : *Retourneront à l'adoptant ou à ses descendants.* Ils en jouissent de leur propre chef et sans avoir besoin d'accepter l'hérédité de l'adoptant à laquelle ils peuvent renoncer.

Il en est de même des descendants légitimes du père ou de la mère d'un enfant naturel reconnu. Ils peuvent exercer le retour légal sur les biens que cet enfant a reçu de ses auteurs. L'art. 766 dispose dans quels cas et sous quelles conditions ce retour a lieu,

_____

(1) Nous ne soumettons au retour légal que les biens faisant l'objet d'une donation entre-vifs, et non pas ceux qui sont contenus dans une donation de biens à venir, ou présents et à venir, ou dans une disposition testamentaire, parce que dans tous ces cas, le décès du donataire ou du légataire avant le donateur ou testateur entraîne la caducité du legs ou de la donation. Les biens ne sont pas même sortis des mains du disposant.

Cet article porte : « En cas de prédécès des père et mère de l'enfant naturel, les biens qu'il en avait reçus passent aux frères et sœurs légitimes, s'ils se retrouvent en nature dans la succession. Les actions en reprise, s'il en existe, ou le prix de ces biens aliénés, s'il est encore dû, retournent également aux frères et sœurs légitimes. Tous les autres biens passent aux frères et sœurs naturels ou à leurs descendants. » — Les motifs de cet article sont les mêmes que ceux de l'art. 747. Le législateur a voulu que les biens venus de l'ascendant ne sortent pas de la famille. Mais comme ici ce n'est pas le père donateur qui succède, ses enfants légitimes, que l'article appelle fort improprement frères et sœurs légitimes, le remplacent. Ces enfants succèderont aux objets que le défunt avait reçus de leur auteur commun.

On doit admettre que le même droit appartient aux descendants de ces frères ou sœurs légitimes. Cependant plusieurs auteurs ont résolu contrairement la question. Le droit de représentation, disent ces auteurs, n'est pas admissible en faveur des descendants dont il s'agit, parce que la succession déférée est une succession irrégulière, exceptionnelle, pour laquelle on ne peut pas invoquer les textes de la succession légitime et ordinaire. Ces descendants en faveur de qui on voudrait admettre la représentation, ne peuvent invoquer que l'art. 766, qui n'appelle que les frères et sœurs légitimes de l'enfant naturel. Cette objection, qui n'est fondée que sur une question de texte, doit disparaître, si l'on considère le but que s'est proposé le législateur. Il a voulu que le fait de la donation faite à l'enfant naturel ne nuise pas aux enfants légitimes. Ceux-ci doivent reprendre les biens qui avaient été détachés du patrimoine paternel pour le profit de cet enfant. Ces biens ayant fait une fois retour, on doit rentrer dans les prévisions ordinaires de la loi, qui veut que, dans toute succession, le petit-fils vienne prendre la place de son père prédécédé. Il n'y a là rien de contraire au texte de la loi, et la volonté du législateur et du père de famille est satisfaite.

La condition sous laquelle le retour doit avoir lieu au profit des descendants légitimes, est que l'ascendant de qui proviennent les biens soit prédécédé. Il n'est pas besoin que l'autre ascendant du bâtard soit aussi prédécédé. Il est vrai que l'article porte : *en cas de prédécès des père et mère*, et qu'il semble ainsi exiger le prédécès de l'un et de l'autre. Mais il ne faut pas s'en tenir à cette rédaction fautive de l'article, rédaction imitée dans bien d'autres endroits, et notamment dans les art. 859 et 1041. L'esprit de la loi a été que celui des père et mère qui n'a pas donné ne profitât pas des biens donnés par l'autre, au préjudice des enfants légitimes de ce dernier. Nous le répétons, et ceci doit décider cette question aussi bien que la précédente, la succession spéciale dont nous nous occupons n'a pour but que de faire revenir aux enfants légitimes ce que la présence de l'enfant naturel avait fait sortir du patrimoine de leur auteur.

CHAPITRE III.

Dans quel cas le droit de retour légal peut-il être exercé?

Première condition substantielle de ce droit. — Prédécès du donataire sans postérité.

Pour que l'ascendant donateur puisse être admis à exercer le droit de retour, il faut que le donataire soit mort sans laisser de postérité. Il faut que le donataire soit mort naturellement ou civilement. C'est une conséquence de ce que le droit de retour s'exerce à titre de succession. Sous l'ancienne jurisprudence, on pouvait élever des doutes sur la justesse de cette proposition dans les pays où l'on considérait le droit de l'ascendant comme un simple droit de retour. On pouvait prétendre qu'il n'y avait pas lieu pour l'ascendant de reprendre les biens donnés tant que le mort civil pouvait espérer d'être rendu à la vie civile ; que d'ailleurs ce cas n'était pas entré dans les prévisions de l'ascendant, quand il avait fait la donation. Aujourd'hui, le doute ne peut plus exister : la loi est formelle. L'art. 25 C. civ. déclare la succession du mort civil ouverte au profit de ses héritiers, et si on attribuait cette succession à d'autres qu'à l'ascendant, on violerait ouvertement l'art. 747, qui l'appelle à l'exclusion de tous autres.

Cette première condition, à laquelle le droit de retour est subordonné, a donné lieu à plusieurs questions assez importantes. — On peut se demander ce qu'il faut entendre par *postérité*. S'agit-il seulement de la postérité légitime du donataire? — Que doit-on décider si le donataire a laissé des enfants adoptifs ou des enfants naturels reconnus?

Quant à l'enfant adoptif, l'art. 350 vient trancher la difficulté. D'après cet article, l'enfant adoptif acquiert sur la succession de son père adoptant les mêmes droits qu'un enfant légitime. Par conséquent, il empêche, sans aucun doute, l'exercice du droit de retour de l'ascendant donateur. — On a objecté que lorsque ce dernier a fait la donation, son intention n'était pas de gratifier une postérité adoptive qu'il ne pouvait pas prévoir. Mais outre que le texte précité tranche toute difficulté à cet égard, on doit considérer que l'ascendant ne doit pas compter sur le retour que le donataire peut lui enlever à son gré par une simple donation à ce même étranger qu'il vient d'adopter, et on doit bien admettre que l'adoption de cet étranger produise au moins le même effet. D'ailleurs, l'ascendant avait un moyen bien simple de prévenir cette difficulté en stipulant le retour conventionnel permis par l'art. 951.

La question n'est pas tout-à-fait aussi simple, lorsqu'il s'agit d'un enfant naturel légalement reconnu. Aussi a-t-elle été diversement résolue par la jurisprudence et par la doctrine. Bien que la généralité des auteurs l'ait décidée dans le même sens que la précédente, nous n'hésitons pas à nous ranger à l'opinion contraire, qui nous a été enseignée par notre savant professeur, M. Delpech. En effet, trouvons-nous dans le cas qui nous occupe les mêmes raisons de décider que dans le cas précédent? Bien loin de là; car si nous nous rapportons aux art. 338 et 756 Code civil, nous voyons que, d'après le premier, les enfants naturels ne peuvent pas réclamer les droits d'enfants légitimes, et que, d'après le second, les enfants naturels ne sont pas héritiers. Leur position est donc toute différente de celle d'un enfant légitime, et cela seul nous suffirait pour décider que le mot *postérité* dont se sert l'art. 747, et dont on a argumenté pour soutenir que cette expression générale devait comprendre les enfants naturels aussi bien que les enfants légitimes, ne doit au contraire s'appliquer qu'à ces derniers. Pourquoi, en effet, le droit de retour a-t-il été enlevé à l'ascendant dans le cas de l'existence d'une postérité légitime? C'est parce que l'enfant légitime vient prendre la place de son père dans les affections de l'aïeul. Il succède aux bienfaits que son père en avait reçus. Cette affection de l'aïeul est-elle ainsi rapportée sur une postérité qui lui est complètement étrangère? Non; et en ceci, la loi n'a fait qu'écouter la voix de la nature, en déclarant que les enfants naturels sont étrangers aux parents de ceux qui les ont reconnus. La conséquence est qu'ils n'ont rien à réclamer sur leurs biens, pas même des aliments. Si donc ils demeurent étrangers aux parents de leurs père et mère, il est impossible de les considérer comme tacitement compris, ainsi que les enfants légitimes, dans les libéralités faites par ces parents à leurs enfants. Il est impossible de consi-

dérer leur existence comme un obstacle au retour de
ces libéralités. — On peut enfin ajouter, comme raison
puisée dans le texte de la loi, que la disposition de
l'art. 747 se trouve placée au titre des successions
légitimes; qu'elle n'a pas été répétée au titre des successions irrégulières; qu'ainsi elle ne doit s'appliquer
qu'à la postérité légitime du donataire, et non pas à sa
postérité naturelle.

Par cette décision se trouve implicitement résolue
la question de savoir si l'enfant naturel peut prétendre
que les droits à lui attribués par l'art. 757 doivent
s'exercer sur les biens donnés comme sur tous ceux
possédés à d'autres titres par son auteur. — L'enfant
naturel qui se trouve en concours avec un ascendant
ne recueillera que la moitié du patrimoine de son
père, et cette moitié ne sera calculée que distraction
faite des biens dont le retour a lieu en faveur de l'ascendant, tandis que, dans l'opinion contraire, l'enfant
naturel commencerait par prélever la moitié que lui
accorde l'art. 757 sur la totalité de la succession,
sauf à l'ascendant à faire valoir ses droits sur l'autre
moitié.

Non-seulement il faut qu'une postérité légitime ou
adoptive existe, pour que l'ascendant ne puisse pas
reprendre les choses données, mais encore il faut que
cette postérité vienne à la succession. Ainsi, l'existence
d'un enfant incapable de recueillir la succession du
donataire, ou qui en est exclu comme indigne, ou qui
y renonce, ne fait pas obstacle à l'exercice du droit de
retour. Dans ces divers cas, l'enfant n'existe pas pou-

rapport à la succession, en sorte qu'on peut dire en toute vérité que le donataire est décédé sans postérité. On pourrait bien prétendre que le texte de l'art. 747 est violé par cette solution ; que cet article ne distingue pas entre les descendants capables ou incapables, dignes ou indignes, acceptant ou renonçant. Mais outre que, dans l'opinion contraire, l'article serait aussi violé, puisque les biens, à défaut de l'héritier ordinaire, iraient à d'autres parents qu'à l'ascendant, nous devons plutôt nous conformer à l'esprit de la loi, qui milite en faveur de l'ascendant. Celui-ci a bien voulu se dépouiller en faveur de ses descendants légitimes, mais non pas au profit de collatéraux ou d'étrangers, et il ne doit pas être primé par ceux auxquels il s'est bien évidemment préféré dans tous les cas.

Mais dès là que le donataire n'a pas laissé de descendants qui puissent faire obstacle au droit de retour, s'ensuit-il que ce droit soit complètement éteint ? Ne peut-il pas être invoqué par l'ascendant qui a survécu à tous les descendants du donataire morts sans postérité ?

C'est une des questions les plus délicates et les plus controversées qu'il y ait sur la matière du retour légal. Ici encore le laconisme de la loi a donné naissance à la question et à la controverse. Mais ici encore, dussions-nous encourir le reproche de nous montrer trop faciles à *jurer sur la parole du maître*, nous sommes heureux de nous conformer aux leçons que nous avons reçues, bien que nous nous trouvions en face de la presque unanimité des auteurs, appuyés d'une juris prudence constante. Malgré le poids et le nombre de ces autorités, nous croyons que notre solution sera conforme au véritable esprit et au texte de la loi.

Voici la question qu'il s'agit de résoudre. Dans le cas où les enfants du donataire, qui avaient empêché le retour au moment du décès de leur père, viennent à mourir avant le donateur sans laisser eux-mêmes de postérité, y a-t-il lieu au retour au profit de l'ascendant donateur? En d'autres termes, le droit de retour est-il restreint au cas où le donataire décède sans postérité? Ne peut-il pas être exercé dans la succession des enfants du donataire décédé sans postérité?

La plupart des auteurs ont donné à l'ascendant le droit de retour dans l'espèce dont il s'agit. Les motifs sur lesquels ils se fondent sont de nature à entraîner les esprits qui s'en tiennent au sens littéral du texte plutôt qu'à l'esprit de la loi. On nous dit: « L'art. 747 n'appelle l'ascendant donateur que dans la succession de son donataire lui-même. Cela résulte de la disposition finale de cet article, qui veut que, dans le cas où le donataire aurait aliéné les objets donnés, l'ascendant succède à l'action en reprise que pourrait avoir *le donataire;* qu'ainsi, c'est à l'instant de la mort de ce donataire qu'il faut se rapporter pour décider si l'ascendant peut ou non exercer le retour. Ses droits, une fois fixés à ce moment, sa position reste la même, et, une fois éteints, ces droits ne peuvent plus revivre par suite de telle ou telle circonstance. En outre, ajoute-t-on, c'est seulement aux choses par lui données que succède l'ascendant, et si on lui donnait le droit de les recueillir dans la succession des enfants du donataire, ce ne serait plus comme choses données qu'il les reprendrait (la cause de la propriété ayant changé), mais comme biens héréditaires recueillis à titre successif. On ajoute que, lorsque le législateur a voulu que le droit de retour appartînt au donateur dans les deux cas, et du prédécès du donataire sans enfants et du prédécès du donataire et de sa postérité, il a eu le soin de l'exprimer. Ainsi, par exemple, l'art. 352 consacre le droit de l'adoptant en termes formels, dans le cas dont il s'agit. Si le législateur ne l'a pas fait dans l'art. 747, c'est qu'il faut présumer que son intention a été différente. *Qui de uno dicit de altero negat.* Enfin, l'ascendant ne saurait se plaindre, si on le traite avec moins de faveur que l'adoptant, puisque l'art. 951 lui permet de stipuler le retour pour le cas de prédécès des enfants du donataire. Il doit s'imputer de ne pas avoir usé de cette faculté. » — Voilà le résumé des arguments que l'on fait valoir à l'appui de l'opinion que nous combattons. Le premier, et celui sur lequel on s'appuie de préférence, sera mis hors de cause, si nous considérons que les descendants du donataire viennent prendre sa place après sa mort; que cette représentation permise par la loi elle-même dans les successions ordinaires est conforme à la fois aux intentions de l'ascendant, qui a entendu gratifier le donataire et sa postérité, et aux intentions du législateur, qui veut que les biens rentrent dans la substance dont ils ont été détachés; qu'on ne peut donc, sans forcer le sens de la loi, considérer ces descendants du

donataire comme donataires eux-mêmes, afin de se
conformer au sens littéral de la loi. — Mais, sans
nous borner à une simple réfutation des motifs que
nous venons de reproduire, nous pouvons soutenir
notre opinion par des considérations dont il est impossible de méconnaître l'importance. Ces considérations seront la meilleure réfutation du système opposé.

Nous avons dit en commençant cette dissertation
que, dans la solution des difficultés que nous pourrions
rencontrer, nous devrions nous rapporter aux an-
ciennes coutumes dont le Code civil a suivi les errements ; que c'était là le véritable moyen de connaître
la pensée du législateur et l'esprit qui l'a animé.
Voyons donc comment la question était décidée par
les anciens auteurs et par l'ancienne jurisprudence.
Les divers parlements des pays de droit écrit n'étaient
pas d'accord entre eux, de même que les parlements
des pays coutumiers. — Le parlement de Toulouse
jugeait constamment que l'aïeul avait droit à la reversion. Il en était de même des parlements de Bordeaux
et d'Aix. D'un autre côté, à Grenoble, Dijon et Besan-
çon, on jugeait différemment, et le parlement de Paris
jugeait tantôt dans un sens, tantôt dans un autre.
Après cela, disait Bretonnier, selon ce que rapporte
Merlin, *quel est l'homme de bon sens qui ne déplo-
rera l'infirmité des lois humaines et l'incertitude des
jugements des hommes, puisqu'ils sont si remplis de
variations, et que ce ne sont que ténèbres et aveugle-
ments.* — Toutefois, les auteurs n'étaient pas aussi
divisés. Ils avaient mieux saisi, selon nous, les véri-

lables principes. Pothier, dans son commentaire sur l'art. 315 de la coutume d'Orléans, dit que *le donateur succède aux choses par lui données, non-seulement dans la succession de son fils à qui il les a données, lorsqu'il est mort sans enfants, mais encore dans celles de l'enfant de ce fils qui les a eues dans la succession de son père.* Il soutient la même opinion dans son *Traité des Successions* (1). — Lebrun s'exprime aussi dans le même sens (2) : *Il faut avouer que, puisque l'on a refusé au père la reversion, lorsque sa fille qu'il a dotée laisse des enfants, puisque la loi lui accorde ce droit indistinctement, il est assez juste que ces enfants décédant sans enfants, la reversion ait lieu au profit de l'aïeul, qui, ayant fait une double perte, a doublement besoin de consolation.* Et il cite comme exemple l'art. 315 de la coutume de Paris, où l'acquêt du fils ayant été dévolu au petit-fils, et celui-ci décédant sans enfants, l'aïeul y succède, comme si le fils était mort sans enfants, et que l'acquêt n'eût pas souché et n'eût pas été propre naissant.

Plusieurs autres auteurs, dont il est inutile de rapporter l'opinion, avaient résolu la question dans le même sens. Les rédacteurs du Code connaissaient cette interprétation aussi bien que la jurisprudence des anciens parlements, qui, à travers ses fluctuations, tendait à favoriser les donateurs, et il est indubitable qu'ils ont entendu l'art. 747 de la même manière.

(1) *Traité des Successions*, chap. II, art. 3, § 2.
(2) *Traité des Successions*, liv. 1, chap. V, sect. 2, n° 3.

C'est ce qui explique pourquoi ils n'ont pas répété pour l'ascendant la disposition qu'ils ont émise à l'art. 352. Aussi M. Malleville, l'un d'eux, l'a-t-il compris ainsi. En présence de cette unanimité des anciens auteurs, nous devons rappeler ce principe, qu'en cas d'obscurité de la loi nouvelle, c'est à la loi ancienne qu'il faut se rapporter, surtout quand les mêmes idées fondamentales sont la source des unes et des autres. — Mais laissons de côté ces considérations préliminaires, et entrons dans le cœur de la question. Ici, comme en droit romain, le père qui donne à son fils est censé donner aussi à son petit-fils. Celui-ci prend la place de son père, lorsqu'il n'a pas pu profiter de la donation. Toute l'affection de l'aïeul est reportée sur ce rejeton de sa famille, qui doit être un jour la continuation de sa personne dans la société. Cela étant, comment pourrait-on soutenir que l'on respecte la volonté du père de famille, si l'on fait passer à des membres qui lui sont étrangers les biens qu'il avait donnés pour l'amour des siens ? Que deviendrait ce puissant motif, qui avait fait admettre le retour légal dans la législation romaine : *Jure succursum est patri, ut filiæ amissæ solatii loco cederet, si redderetur ei dos ab ipso profecta, ne et filiæ amissæ et pecuniæ damnum sentiret.* — Ces motifs de la loi, cette raison toute-puissante qui a inspiré le législateur, pourraient nous autoriser à passer outre sur les objections qu'on nous oppose, puisées dans le texte de la loi. Mais la loi est-elle aussi formelle qu'on le prétend ? Ne pouvons-nous pas, nous aussi, y puiser des raisons à l'appui de notre thèse.

L'art. porte : *Les ascendants succèdent , etc........ à leurs enfants ou descendants décédés sans postérité.* S'il y avait : *L'ascendant succède à son enfant ou descendant donataire mort sans postérité* , alors nul doute que l'opinion contraire ne fût inattaquable. Mais l'expression employée dans l'article est complexe et embrasse tous les descendants sans distinction. — Enfin, ce même art. 352 qu'on nous oppose, nous fournit un dernier argument qui ne doit pas avoir peu d'influence sur notre détermination. Cet article, comme nous l'avons déjà vu, accorde le retour à l'adoptant dans la succession des descendants de l'adopté. Ici, il n'y a pas d'ambiguïté; la loi est formelle. Et ce qu'elle accorde au père adoptant, on voudrait le refuser au père légitime! Mais n'a-t-il pas plus de droit que tout autre aux faveurs du législateur? Vouloir limiter cette faculté au cas de l'adoption, ce serait traiter un donateur, en quelque sorte étranger au donataire, plus favorablement que celui qui lui est attaché par les liens du sang. Cela ne nous paraît pas rationnel; et cependant on est amené à cette conséquence d'une manière forcée. Sans doute, l'argumentation de nos adversaires s'appuie sur des raisons dont nous ne chercherons pas à nier l'importance et la solidité. Mais, par cela même que la controverse est vive, il est prouvé que ces raisons ne sont pas décisives, et la question ne peut être décidée que par le plus ou le moins d'importance que l'on reconnaît aux considérations que l'on fait valoir. A défaut de la loi, sur laquelle nous ne pouvons pas nous appuyer, c'est son esprit que nous avons recherché, et, à cet égard, le doute ne peut pas exister, et tout le monde est d'accord sur la vérité des intentions que nous lui avons attribuées, et d'où découle naturellement la solution à la question proposée. D'ailleurs, ces mêmes auteurs, qui s'attachent si fort au texte de la loi, sont obligés de n'en pas tenir compte dans une autre question, sur laquelle, du reste, nous sommes d'accord avec eux. Ils décident que l'existence d'un enfant exclu comme indigne de la succession, ou qui y renonce, ne fait pas obstacle au droit de retour. Cependant, si l'on s'en tenait au texte, on pourrait dire que la condition sous laquelle l'ascendant est appelé a manqué, car il n'est pas décédé sans postérité; et, à l'exception du mort civil, qu'on peut considérer comme mort, il est vrai de dire que ces descendants existent.

On peut encore se demander si le droit de retour aura lieu en faveur de l'ascendant, lorsqu'une donation ayant été consentie par lui en faveur du mariage du donataire, celui-ci ne laisse pas d'enfants de ce mariage, mais bien d'un mariage antérieur. Nous n'avons mentionné cette question que parce qu'elle était vivement controversée dans l'ancienne jurisprudence; car aujourd'hui la solution ne peut pas être douteuse, en présence des termes formels de l'art. 747, qui n'accorde le retour à l'ascendant qu'en cas de prédécès du donataire sans postérité, sans distinguer si cette postérité est issue du premier ou du second mariage.

CHAPITRE IV.

Des choses sur lesquelles peut s'exercer le droit de retour légal.

Deuxième condition substantielle de ce droit. — Existence en nature des biens donnés dans la succession du donataire.

Cette deuxième condition, exprimée dans l'art. 747, ne donne pas lieu à de moins nombreuses difficultés. D'après cet article, l'ascendant donateur peut exercer son droit de retour sur toutes les choses par lui données, qui se retrouvent en nature dans la succession, soit qu'il s'agisse de meubles ou d'immeubles. La loi ne distingue pas, et l'expression dont elle se sert a l'acception la plus étendue. La controverse qui s'était élevée sur ce point dans l'ancienne jurisprudence ne peut plus exister aujourd'hui. Ainsi donc, si les biens ont été aliénés par le donataire, l'ascendant sera privé de son droit. Le législateur n'a pas voulu retirer les biens donnés de la circulation et en rendre l'aliénation et la charge résolubles, comme dans le cas du retour conventionnel. Ces aliénations ou charges seront donc maintenues, soit que le donataire ait disposé des biens à titre onéreux, par une vente, soit à titre gratuit, par une donation entre-vifs. Dans ces divers cas, le donataire n'a fait qu'user de son droit, et l'ascendant n'a rien à réclamer. — A l'aliénation par donation entre-vifs, nous pouvons même ajouter l'aliénation par testament, comme pouvant empêcher le retour. On a reconnu que cet acte ne viole nullement le droit de l'ascendant, puisque c'est à titre de successeur légitime et appelé par la loi, et non à titre de successeur testamentaire, que l'ascendant vient à la succession. D'ailleurs, l'objet légué n'est pas dans la succession, à proprement parler, car dès l'instant de la mort du testateur, il devient la propriété du légataire. En vain objecterait-on que le testament n'a d'effet qu'après le décès du testateur, que le donataire est donc mort, investi de la propriété des biens qu'il avait reçus de son ascendant, et que par conséquent celui-ci s'en est trouvé saisi en sa qualité d'héritier dès l'instant du décès du donataire. A cela il est facile de répondre, outre ce que nous avons dit ci-dessus, que si l'on considère l'ascendant comme héritier *ab intestat*, il faut nécessairement qu'il soit tenu d'acquitter les dettes et charges de la succession, au nombre desquelles il faut ranger les legs faits par le descendant qui avait la libre disposition des biens donnés. En outre, bien que l'héritier ait la saisine, il n'en est pas moins vrai de dire que la propriété des biens appartient au légataire. Cette saisine n'est relative qu'à l'obligation pour le légataire de demander la délivrance.

Si le donataire a simplement concédé quelque droit réel sur la chose donnée, il faut faire une distinction. S'agit-il d'une servitude, d'un usufruit, d'un démembrement quelconque de la propriété, l'ascendant prendra le fonds, et sera tenu de respecter l'usufruit ou la servitude. S'agit-il d'un droit réel hypothécaire, d'un privilège, l'ascendant aura bien encore le droit de reprendre le bien hypothéqué, mais il sera tenu envers le créancier hypothécaire ou privilégié, qui devra s'adresser à lui comme détenteur de la chose. Dans ce cas, nul doute que l'ascendant qui a payé pour libérer le fonds plus que la portion de dettes dont il est tenu, n'ait un recours contre ses cohéritiers pour tout ce qui excède cette portion.

Nous avons dit que les choses données devaient se retrouver *en nature* dans la succession. Ces mots : *en nature*, ont donné lieu aux controverses les plus nombreuses et les plus animées. Ces difficultés ont pris naissance dans le laconisme de la loi. Ces mots paraissent bien simples et ne pas pouvoir prêter à équivoque, et cependant, si on se conformait au texte pur de la loi, on serait amené à des conséquences tout-à-fait contraires aux intentions du législateur. Voici à l'occasion de quelle question la difficulté s'est élevée. On suppose que les biens donnés par l'ascendant ont été vendus ou donnés et que plus tard ils sont revenus dans la propriété du donataire par achat, succession ou autrement, en sorte qu'ils se retrouvent en nature dans sa propre succession : l'ascendant sera-t-il admis dans ce cas à exercer le droit de retour? La donation ou la vente intermédiaire faite par le donateur a-t-elle éteint, au contraire, le droit de l'ascendant? Trois opinions se sont formées sur ce point. Les uns disent que les objets donnés doivent se retrouver dans la succession du donataire, dans leur identique individualité, physiquement les mêmes; que cette condition une fois remplie, la reversion a lieu, bien

que les choses aient été données ou vendues, et
quelques transformations qu'elles aient subies quant
à la cause de la propriété. Ces auteurs prennent
les mots *en nature* à la lettre, et restreignent ainsi
singulièrement, à notre avis, le sens de la loi.
— Les autres disent que les objets donnés se retrouvent bien en nature, mais non pas en la même
qualité dans la succession du donataire. Ce ne sont
plus des biens donnés par l'ascendant, mais des biens
qui lui sont complètement étrangers et sur lesquels il
n'a aucun droit à prétendre. Enfin, une troisième opinion propose une distinction pour résoudre la difficulté.
Lorsque c'est par un contrat à titre intéressé que le
donataire a de nouveau acquis les biens, il a alors
aliéné son propre capital et non celui de l'ascendant,
et par conséquent celui-ci ne peut y prétendre. Au contraire, est-ce par une donation à titre gratuit que ces
biens sont revenus en sa possession, alors ils doivent
être considérés comme n'étant jamais sortis de ses
mains, et en conséquence l'ascendant doit être admis
à l'exercice de son droit. On voit que dans ce système,
il faut avoir égard à l'origine de la propriété, au
contrat ou à l'acte d'après lequel elle se trouve aux
mains du donataire.

Nous croyons devoir nous ranger à l'opinion de
ceux qui, n'exigeant pas que la chose donnée se
retrouve dans la succession dans son identique individualité, mettent pour condition à l'exercice du droit de
retour, que la chose se retrouvant en nature ait de plus
la qualité de chose donnée. Cette opinion n'est pas nou-

telle ; elle était adoptée dans l'ancienne jurisprudence
du pays du droit écrit (voyez Lebrun, p. 58, 59, *loc.
cit.*), qui se fondait sur cette maxime : *Mutatione
personæ mutatus qualitas et conditio rei.* Il faut donc,
avant tout, examiner la cause de la propriété, car
l'art. 747 n'accorde le droit de retour à l'ascendant
donateur que sur les biens donnés qui se retrouvent
en nature dans la succession du donataire. Deux
conditions se trouvent donc exigées : l'une que
les biens se retrouvent en nature, l'autre que ces
biens soient les biens donnés. Comment donc ne pas
tenir compte de cette deuxième condition comme de
la première ? Or, peut-on dire que les biens rentrés
dans le domaine du donataire par une vente, soient
des biens donnés ? N'ont-ils pas perdu cette qualité
dès l'instant où ils ont été aliénés pour la première
fois par le donataire, et n'est-il pas vrai de dire que
celui-ci ne possède plus au même titre ? Il n'est donc
pas possible d'appliquer à ces biens la disposition de
l'art. 747. — Au reste, voyons à quelles conséquences
nous amènerait le système contraire ? Supposons que
le donataire ait vendu la chose donnée à un autre de
ses ascendants qui, à son tour, la lui a transmise par
une donation entre-vifs. Le donataire étant mort,
voilà deux ascendants en présence : à qui attribue-
rons-nous le droit de retour ? Sans doute la question
ne saurait souffrir de difficulté, et c'est le second
ascendant qui exercerait le droit de retour. Pourquoi ?
Parce qu'il se présenterait comme ascendant donateur,
et on serait bien forcé dans ce cas d'avoir égard à la

cause immédiate de la propriété. Ces motifs réfutent le premier système que nous avons exposé, et s'appliquent en même temps au troisième, puisque la chose qui ferait l'objet du droit de retour a perdu sa qualité première de chose donnée, qu'elle soit revenue entre les mains du donataire à titre onéreux ou à titre gratuit.

Toutefois, nous devons admettre avec Lebrun deux exceptions à la règle précédente :

1° Dans le cas où le donataire n'aurait vendu la chose donnée qu'avec faculté de rachat. On ne pourrait pas dire alors que la chose soit revenue à titre nouveau aux mains du donataire ; car une aliénation ainsi faite ne peut pas être regardée comme définitive tant que le temps fixé pour le rachat n'est pas arrivé.

2° Dans le cas où le donataire n'aurait disposé qu'en fraude du droit de retour, ayant l'assurance de retrouver les biens comme héritier de l'acquéreur.

Nous déciderons de même que le droit de retour doit être accordé à l'ascendant, lorsque le donataire a échangé l'immeuble donné contre un autre immeuble. Toutes les questions qui se rattachent au point de droit dont nous nous occupons, et qui ont si fort divisé les interprètes, seraient d'un examen plus facile si l'on se rattachait aux deux principes suivants, qui forment la base de notre raisonnement et de nos décisions. L'art. 747 a voulu dire d'abord que le retour légal n'aurait lieu que lorsque les biens se retrouveraient, soit dans leur identique individualité, soit dûment représentés, c'est-à-dire conservant, malgré leur transformation, la qualité de chose donnée. En second lieu, il s'agit ici d'une universalité juridique, distincte toutefois de l'hérédité proprement dite. La preuve en est dans l'art. 747 lui-même, qui met le prix encore dû à la place de la chose, conformément à cette règle : *In judiciis universalibus pretium succedit loco rei et res in loco pretii.* Ainsi donc, lors même que les biens donnés seraient sortis du patrimoine du donataire, s'ils n'ont pas été confondus avec le restant de l'hérédité, et que leur origine soit certaine, ils doivent prendre la place des biens donnés originairement, auxquels ils sont subrogés.—C'est d'après le premier principe que nous avons décidé la première question contre l'ascendant. C'est d'après le second que nous déciderons celle-ci en sa faveur. Ici, la chose reçue en échange vient prendre la place de la chose donnée. Il y a subrogation, telle qu'elle s'opère *in judiciis universalibus.* En vain dirait-on que la subrogation n'a lieu que dans les cas spécialement prévus par le législateur; que ces cas ont été spécifiés et ne peuvent pas être étendus par analogie. Cela est vrai pour la subrogation de chose à chose, mais non dans le cas où une personne est mise aux lieu et place d'une autre. Dans l'espèce, l'héritier qui est l'ascendant donateur est mis aux lieu et place du donataire, en qualité de successeur immédiat à la personne; c'est dans la succession, c'est à titre successif qu'il reprend les choses données; c'est une universalité de biens à laquelle il succède. Il est le subrogé du défunt pour tous les droits et actions qui se rapportent à cette universalité. Il a donc incontestablement le droit d'invoquer le bénéfice de la subrogation, et dans le cas qui nous occupe, il y a subrogation valable; car la chose changée est mise au lieu et place de l'ancienne, et l'échange opère toujours la subrogation. — Nous devons admettre ce système de la subrogation d'autant plus facilement, que nous trouvons dans l'art. 1559 une grande analogie. En effet, malgré le principe général posé par le législateur, que l'immeuble acquis des deniers dotaux n'est pas dotal, si la condition de remploi n'a pas été stipulée dans le contrat de mariage, cet article décide que si l'immeuble dotal est échangé contre un autre immeuble, en remplissant certaines conditions, cet immeuble sera dotal, et mis aux lieu et place de l'ancien. Puisque la loi admet la subrogation dans une espèce moins favorable, et dans laquelle elle s'est montrée rigoureuse contre toute aliénation, à plus forte raison devons-nous l'admettre en faveur de l'ascendant, qui mérite toute sa bienveillance. Pourquoi, en effet, le législateur a-t-il voulu que l'ascendant reprît le prix qui pourrait être dû sur l'aliénation de la chose donnée? C'est que ce prix reste distinct et séparé des autres biens du donataire. Mais dans le cas d'échange, il n'y a pas non plus de confusion possible : l'objet reçu en échange est distinct et facile à reconnaître. Tout se réunit donc en faveur de l'ascendant, et l'on ne saurait lui refuser le droit de retour sans se mettre en opposition avec les principes qui régissent cette succession anomale, et les intentions bienveillantes du législateur.

Les mêmes principes doivent nous guider dans la solution des questions suivantes, qui sont assez délicates, mais qui doivent être résolues par analogie :

1° Le donataire a aliéné le bien donné, et avec le prix de cette aliénation, il a acquis un autre immeuble. — Ce nouvel immeuble sera-t-il soumis au droit de retour?

2° Le donataire a acheté un immeuble avec l'argent donné. — Cet immeuble sera-t-il soumis au droit de retour?

3° Un prêt a été fait avec l'argent donné. L'action contre l'emprunteur passera-t-elle à l'ascendant?

Ces trois questions doivent être résolues affirmativement. Les choses qui se trouvent dans la succession en remplacement des choses données devront être reprises par l'ascendant. Il y a échange, pour ainsi dire, dans les trois cas, et on peut appliquer les principes exposés plus haut sur la subrogation ; mais il ne faut pas oublier que, dans ces divers cas, il existe une condition qui est sous-entendue ; c'est que les biens nouveaux aient une origine certaine, soient distincts des autres biens du patrimoine. Ainsi, dans les deux premiers cas, il faut qu'il soit expressément déclaré dans l'acte d'acquisition du nouvel immeuble, que l'achat est fait des deniers provenant, soit de la donation faite par l'ascendant, soit de la vente des biens donnés par ce même ascendant, et la même déclaration devra être faite dans l'acte de prêt, afin que, dans tous ces cas, l'on puisse dire que la chose nouvelle étant exclusivement le produit de l'ancienne, la chose donnée existe toujours réellement dans le patrimoine.

Nous sommes loin d'avoir épuisé les difficultés que présentent ces mots en nature. Nous entrons maintenant dans une autre série de questions toutes controversées, et, à voir la diversité des opinions, on serait tenté de décider que ces diverses questions doivent être laissées à l'appréciation des tribunaux, parce que le plus souvent ce sera un point de fait, une circonstance de la cause qui fera pencher la balance d'un côté plutôt que d'un autre. Cependant, pour que notre dissertation fût complète, nous avons cru nécessaire d'y faire entrer l'examen de toutes ces questions de détail. — La première et la plus importante de toutes est celle de savoir si une somme ayant été donnée, et la succession renfermant une quantité égale ou plus forte de numéraire, sans qu'on puisse distinguer si le numéraire trouvé dans la succession est le même que celui qui avait été donné, l'ascendant pourra exercer le droit de retour.

On a voulu, pour décider la question, s'appuyer sur la discussion qui eut lieu au Conseil d'Etat. Cette discussion ne jette aucune lumière sur la difficulté, et il nous a paru oiseux de rapporter les quelques paroles échangées entre MM. Cambacérès et Tronchet, qui ne tranchent nullement la question. Il suffira de nous rapporter à ce que nous avons dit précédemment; à savoir que le droit de retour était refusé à l'ascendant, lorsque les choses données avaient été confondues dans le restant de l'hérédité et avaient

ainsi perdu leur qualité de chose donnée, qualité exi-
gée par l'art. 747 comme condition essentielle du
droit de l'ascendant. Cette décision ne fait pas l'ombre
d'un doute, si l'on considère que cet article, accordant
le droit de retour à l'ascendant sur le prix qui reste
dû, par la raison qu'il est alors distinct du reste du
patrimoine, refuse par cela même, *à contrario*, le
même droit sur ce prix, lorsqu'il a été payé, c'est-à-
dire qu'il se trouve confondu avec les autres biens
de l'hérédité. En appliquant ces principes à la question qui nous occupe, nous voyons qu'il est impossible
de considérer comme argent donné le numéraire
qui peut se trouver dans la succession du donataire. Comment, en effet, constaterons-nous cette
identité? comment prouver l'origine de la somme re-
trouvée? est-on sûr que cet argent soit absolument le
même que l'argent donné? Dans l'impossibilité où l'on
est de faire cette preuve, on nous dit qu'il n'est pas
nécessaire que la somme donnée se retrouve identiquement la même dans la succession; qu'elle est représentée par le numéraire existant, parce que l'argent
est une chose fongible, et que dans les choses fongibles c'est la valeur qu'il faut considérer et non les
corps spécifiques; qu'à leur égard, le genre tient lieu
de l'espèce et qu'elles peuvent être représentées par
des espèces du même genre: *Tantumdem est idem.*
Par conséquent, ajoute-t-on, tant qu'il se trouve du
numéraire dans la succession, on peut dire que l'argent primitivement donné par l'ascendant existe
encore en nature. — Il n'est pas exact, en pre-

mier lieu, de considérer le numéraire comme une chose fongible dans le cas dont il s'agit ; sans doute, s'il s'agit d'un prêt de consommation, on doit bien admettre que cent francs représentent cent francs. Mais, considéré comme faisant l'objet du droit de retour, le système de fongibilité de l'argent doit être repoussé, parce qu'il tient à une fausse appréciation de ce qui constitue une chose fongible ou non fongible. On a dit qu'une chose était fongible lorsqu'elle était consommée par le premier usage qu'on en fait. Cette définition n'est pas exacte, bien qu'elle soit conforme à l'idée que s'en est faite le législateur, d'accord avec Pothier et les anciens auteurs. Considérée en elle-même, une chose n'est ni fongible ni non fongible. Elle n'est l'une ou l'autre que par l'usage auquel on la destine, et il peut parfaitement arriver qu'une chose qui se consomme par le premier usage ne soit pas fongible, comme aussi qu'une chose qui ne se consomme pas par le premier usage soit fongible. Mais, sans vouloir approfondir cette discussion qui nous mènerait trop loin, admettons que l'argent soit chose fongible, il ne s'ensuivra pas la conséquence que le numéraire remplacera le numéraire dans l'espèce posée ; et la preuve, c'est que, s'il y a du numéraire dans la succession, ce numéraire (l'art. 747 est formel sur ce point et donne un énergique démenti à nos adversaires) ne remplace pas le prix qui a été payé de l'immeuble vendu. Les écus ne remplacent donc pas les écus. — Pour décider la question d'une manière vraie, il faut revenir au principe que nous avons posé. Lorsque la chose donnée ne peut se retrouver identiquement la même, il faut qu'elle soit duement représentée, et que de plus elle ait une origine certaine, facile à reconnaître; sinon, les choses données, dont on ne pourra suivre les différentes transformations, seront censées anéanties, consommées, du moment qu'elles auront été confondues avec les autres biens de la succession. Or, que peut-on préciser quand il s'agit d'une chose aussi mobile que l'argent? La cause de la propriété ne peut-elle pas avoir changé mille fois? L'argent peut avoir été placé dans le commerce, avoir été consommé par le donataire, être revenu dans ses mains, en être ressorti, avoir éprouvé cent vicissitudes diverses, et vous prétendriez qu'il existe en nature, par cela seul que vous trouveriez une somme égale dans la succession! Cela n'est pas admissible.

A plus forte raison devrons-nous décider qu'il n'y a pas lieu au retour légal, lorsque l'ascendant ayant donné une somme d'argent, il ne se trouve dans la succession du donataire que des billets, créances ou obligations, effets publics ou autres valeurs négociables, comme aussi lorsque l'ascendant ayant donné ces billets ou effets publics, il ne se trouve que du numéraire dans la succession. — Cette solution découle naturellement de celle que nous avons donnée à la question précédente. Car dans l'état actuel de la civilisation et dans les usages ordinaires de la vie, ces billets et valeurs sont considérés comme de l'argent. Un effet de commerce ou une créance représente une somme de numéraire. Celui qui possède l'un est censé posséder l'autre, et les auteurs qui accordent le retour à l'ascendant lorsqu'il se trouve seulement du numéraire dans la succession ne sauraient le refuser lorsqu'il est remplacé par les billets et effets dont nous parlons. Aussi, sommes-nous conséquents de notre côté en refusant le droit de retour. — La cour de cassation, confirmant un arrêt de la cour d'appel de Rouen, a cependant adopté l'opinion contraire. L'arrêt de cette dernière cour se fonde sur cette considération : « Refuser le droit de retour, ce serait rendre illusoires les dispositions de l'art. 747, lorsque les choses données consisteraient en une somme, soit en espèces métalliques, soit en effets commerciaux, puisque si un père donne des espèces métalliques ou des effets commerciaux à son fils qui veut s'établir, c'est dans l'intention que celui-ci fasse usage des capitaux donnés, et que dès-lors si ce fils vient à mourir sans postérité, il est bien certain qu'on ne retrouvera pas dans la succession les mêmes espèces métalliques ou les mêmes effets de commerce. » Mais il est bien facile de rétorquer cet argument. Si nous n'admettons pas le système de la fongibilité, dites-vous, jamais il n'y aura lieu au droit de retour. Nous prétendons de notre côté qu'en admettant ce système, il y aura toujours lieu à la reversion. Dans aucune circonstance, on ne pourra y échapper, et alors quel cas ferait-on du second paragraphe de l'art. 747? En effet, il est bien certain qu'il existera toujours dans la succession, du numéraire, ou des effets publics et commerciaux.

Pour qu'il en fût autrement, il faudrait supposer une ruine totale du donataire, et alors il est bien certain qu'il n'y aurait aucune reversion. Le donataire a-t-il aliéné les choses données, même gratuitement? les a-t-il perdues sans compensation dans un événement quelconque, une faillite, l'ascendant n'en aura pas moins droit au retour s'il existe encore quelques valeurs dans la succession. Supposez les plus nombreuses transformations, mille virements et revirements, allez même jusqu'à imaginer que le donataire a perdu les choses données et même tout son avoir, si d'autres valeurs quelconques lui sont survenues postérieurement à sa ruine et qu'elles se trouvent dans sa succession, l'ascendant les prendra en vertu de cet axiôme que le numéraire représente le numéraire, et que celui-ci peut à son tour être représenté par d'autres valeurs ou billets et effets de commerce. Voilà à quel étrange résultat amènerait la doctrine de la cour de Cassation et des auteurs qui l'ont suivie.

Revenant à notre décision, nous dirons : Lorsqu'il s'agit d'une somme d'argent, il faut que cette même somme se retrouve dans la succession, soit identiquement la même, soit duement représentée; et c'est dans ce dernier cas qu'il sera rationnel d'admettre la fongibilité. Ainsi, on trouvera une créance acquise des deniers donnés et dont l'emploi ainsi fait est constaté dans le titre même; on trouvera une valeur industrielle ou autre, un compte-courant chez un banquier, et tous ces titres feront mention de l'origine de la somme donnée ou employée; dans tous ces cas, il y aura reversion, quand même on ne retrouve pas les mêmes espèces, quand même le banquier paie avec des billets ou des lettres de change. En un mot, il y aura reversion toutes les fois qu'il sera certain que c'est la chose donnée qui se retrouve dans la succession sous la forme de numéraire ou de valeurs quelconques.

Puisque l'ascendant reprend la chose à titre successif, il doit la recevoir dans l'état où elle se trouve au moment du décès du donataire, sans avoir aucune indemnité à réclamer à raison des détériorations ou dégradations commises sur la chose donnée. Le donataire était propriétaire de la chose et pouvait en exercer tous les droits; il pouvait l'aliéner, l'anéantir. Comment n'aurait-il pas été libre d'en diminuer la valeur?

Mais de ce que l'ascendant n'a rien à réclamer contre les détériorations survenues à la chose donnée, s'ensuit-il qu'il ne doive aux héritiers du donataire aucune récompense pour les améliorations faites par ce dernier, les impenses nécessaires ou utiles qui ont augmenté la valeur du bien? Toullier veut qu'il ne soit dû aucune récompense; mais nous croyons que c'est une erreur du savant jurisconsulte. Nul ne peut s'enrichir aux dépens d'autrui, et d'ailleurs l'ascendant ne peut pas avoir plus qu'il n'a donné. L'art. 747 ne lui accorde le retour que pour la chose donnée. Il paiera donc les améliorations et impenses faites sur la chose; mais il paraît équitable de ne l'obliger à supporter que la plus-value résultant de ces améliorations et non la dépense qui a été réellement faite.

En second lieu, l'art. **747** accorde le droit de retour sur le prix encore dû des biens qui auraient été aliénés. Nous en avons dit plus haut la raison ; c'est que le prix qui n'est pas encore payé n'est point passé parmi les autres biens de la succession dont il reste parfaitement distinct et séparé. Ce prix représente la chose aliénée, qui est alors censée exister en nature. On peut encore donner un autre motif de cette disposition ; c'est que, tant que le prix n'est pas entièrement payé, on ne peut pas regarder comme définitive l'aliénation ainsi faite.

Troisièmement enfin, l'ascendant succède à l'action en reprise que pouvait avoir le donataire. Cette action en reprise doit s'entendre de toute action, soit réelle, soit personnelle, tendant à faire rentrer le bien dans le patrimoine. Telles sont les actions en nullité, en rescision pour cause de lésion, en restitution de dot, en réméré, etc., etc. Ainsi, pour ne prendre qu'un exemple, supposons que le donataire eût vendu la chose à vil prix, il aurait l'action en rescision pour lésion de plus des sept douzièmes ; l'ascendant pourra intenter cette action ; mais il est évident que, s'il reprend le bien donné, il devra de son côté rembourser à l'acheteur ce que cet acheteur avait déjà payé au donataire, car l'ascendant ne peut pas avoir plus de droits que celui auquel il succède, et il prend l'action en rescision telle qu'elle existait entre les mains du défunt.

Au nombre des actions en reprise, il faut aussi compter l'action en répétition de la dot qui pourra être exercée tant dans le cas d'une stipulation formelle que dans les autres cas qui rentrent dans le droit commun, suivant les distinctions posées dans les art. 1407, 1468, 1469, 1470, 1471, 1473, 1531 à 1559 et 1564 à 1570, auxquels nous renvoyons pour la solution des difficultés qui peuvent se présenter et qui ne rentrent pas d'une manière spéciale dans le cadre que nous nous sommes tracé.

PROPOSITIONS ET QUESTIONS.

DROIT ROMAIN.

1. L'héritier institué sans crétion, était-il obligé de faire adition dans un délai fatal? Non. — Le préteur pouvait seulement, sur la demande des légataires ou créanciers, fixer un délai qui ne devait jamais être moindre de cent jours.

2. Le pupille, capable d'intelligence, qui s'oblige sans l'autorisation de son tuteur, n'est pas obligé, même naturellement (L. 41. D. 12. 6. — L. 59. D. 44. 7).

3. Pour qu'il y ait *mutuum*, il faut qu'une certaine quantité de choses fongibles ait été livrée. — On doit entendre par choses fongibles, non pas les choses qui se consomment par l'usage, mais celles qui, dans l'intention des parties, peuvent être représentées exactement par d'autres de la même espèce.

4. La caution ne pouvait avoir d'autre objet que l'obligation principale; mais elle pouvait être obligée *in leviorem causam* (L. 42. D. 46. 1).

DROIT CIVIL.

1. La dot mobilière est inaliénable.

2. Les libéralités faites par l'aïeul aux descendants de son enfant naturel décédé peuvent-elles excéder la portion qui aurait pu être donnée à leur père? — Non.

3. L'action en séparation des patrimoines est prescrite en ce qui concerne les immeubles par le délai de trente ans.

DROIT CRIMINEL.

1. La contrainte physique constitue un cas de non-imputabilité. En est-il de même de la contrainte morale? — Distinctions.

2. L'art. 7 Inst. crim. n'est applicable qu'aux crimes.

3. Dans le cas de cet article, lorsque le prévenu s'est soustrait par la fuite aux condamnations dont il avait été frappé, pourrait-on lui faire subir ces condamnations à son retour en France?

DROIT PUBLIC.

1. Lorsqu'un plan général d'alignement a été dressé après l'accomplissement des formalités prescrites, le recours contentieux n'est pas ouvert contre ce plan régulièrement homologué; mais le particulier lésé par l'application qui en est faite dans l'extrait à lui délivré peut réclamer par la voie contentieuse.

2. On peut également attaquer par la même voie l'arrêté du préfet qui déclare la vicinalité d'un chemin ou qui fixe sa direction ou sa largeur.

Approuvé :

Le Doyen de la Faculté de Droit,

LAURENS.

Vu :

Le Recteur,

Ad. **MOURIER.**

Toulouse, le 20 mars 1852.

Cette Thèse sera soutenue, le   mars 1852, dans une des salles de la Faculté, en séance publique.

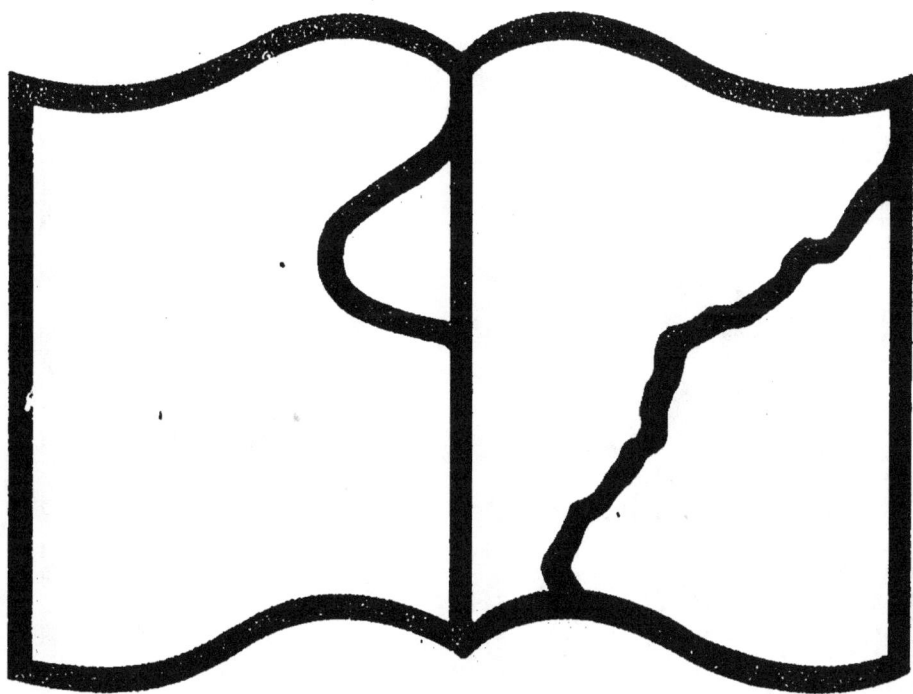

Texte détérioré — reliure défectueuse

NF Z 43-120-11

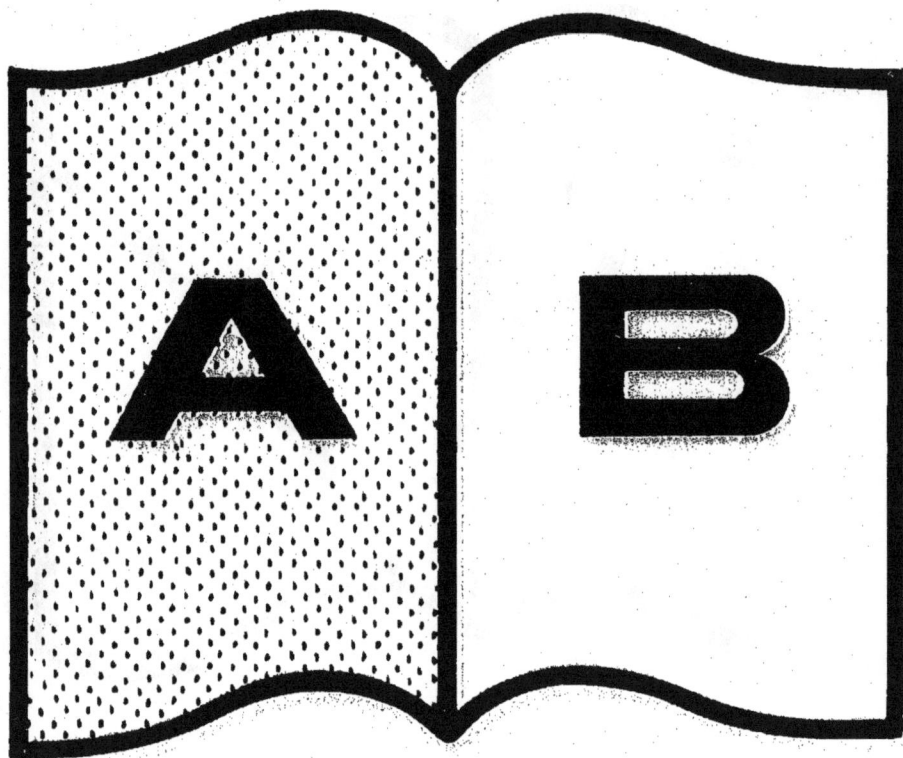

Contraste insuffisant

NF Z 43-120-14

www.ingramcontent.com/pod-product-compliance
Lightning Source LLC
Chambersburg PA
CBHW070804210326
41520CB00011B/1819